UKULELE

THE GREATEST SHOWMAN

ORIGINAL SONGS BY
BENJ PASEK & JUSTIN PAUL

Special thanks to Alex Lacamoire

ISBN 978-1-5400-1386-6

HAL•LEONARD®
7777 W. BLUEMOUND RD. P.O.BOX 13819 MILWAUKEE, WI 53213

In Australia Contact:
Hal Leonard Australia Pty. Ltd.
4 Lentara Court
Cheltenham, Victoria, 3192 Australia
Email: ausadmin@halleonard.com.au

Visit Hal Leonard Online at
www.halleonard.com

The Greatest Show

Words and Music by Benj Pasek, Justin Paul and Ryan Lewis

First note

Verse
Moderate Rock beat

1. La-dies and gents, this is the mo-ment you've wait-ed for Whoa ___ You've been search-

in' in the dark, ___ your sweat ___ soak-in' through the floor Whoa ___ And bur-

ied in your bones ___ there's an ache that you can't ig-nore Tak-in' your breath Steal-in' your mind ___ And

Pre-Chorus

all that was real is left be-hind ___ Don't fight it, it's com-in' for you, run-nin' at you

It's on-ly this mo-ment, don't care what comes af-ter Your fe-ver dream, can't you see get-tin' clos-er?

Just sur-ren-der'cause you feel the feel-in' tak-in' o-ver   It's fire, __ it's free-dom, it's flood-in' o-pen

It's the preach-er in the pul-pit and your blind de-vo-tion   There's some-thin' break-in'at the brick of ev-'ry wall that's hold-in'

Chorus

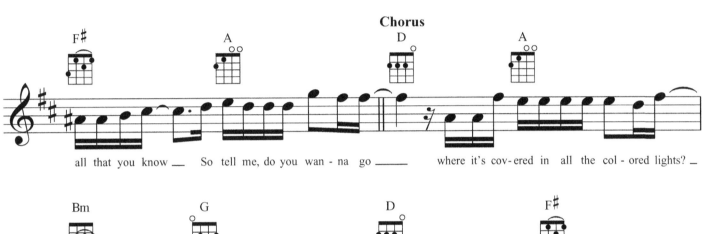

all that you know __ So tell me, do you wan-na go ____   where it's cov-ered in all the col-ored lights? __

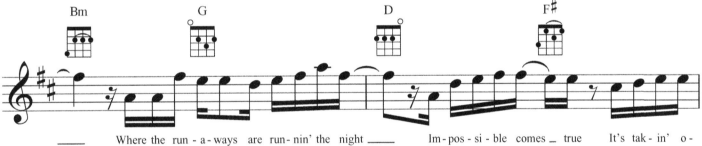

__ Where the run-a-ways are run-nin' the night ____   Im-pos-si-ble comes __ true   It's tak-in' o-

ver you   Oh! This is the great-est show! ___   We light it up, we won't come

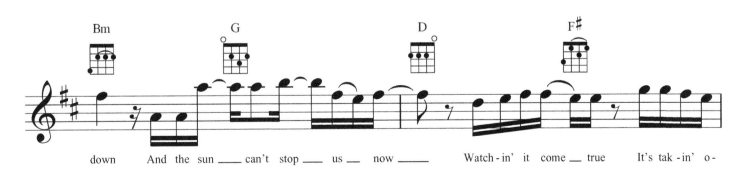

down And the sun ___ can't stop ___ us ___ now ____   Watch-in' it come __ true   It's tak-in' o-

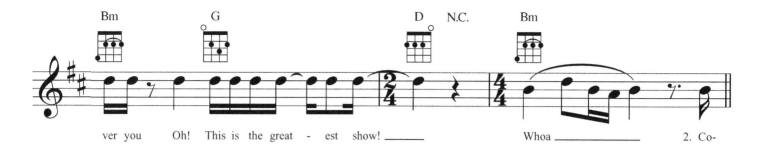

ver you   Oh!   This is the great - est   show! _____   Whoa _____   2. Co-

Verse

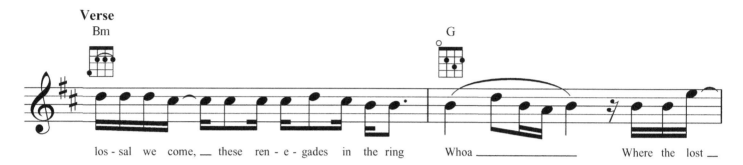

los - sal   we   come, __   these   ren - e - gades   in   the   ring   Whoa _____   Where the lost __

Pre-Chorus

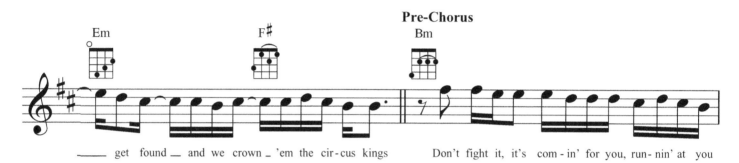

_____ get   found __   and   we   crown __   'em   the   cir - cus   kings   Don't   fight   it,   it's   com - in'   for   you,   run - nin' at   you

It's   on - ly   this   mo - ment,   don't   care   what   comes   af - ter   It's   blind - in'   out - shin - in'   an - y - thing   that   you   know

Chorus

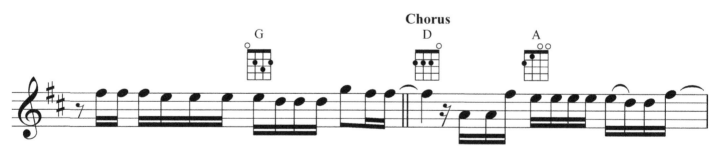

Just   sur - ren - der, 'cause   you're   com - in'   and   you   wan - na   go _____   where   it's   cov - ered   in   all   the   col - ored   lights, _

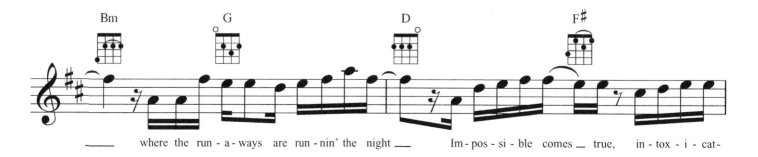

_____   where   the   run - a - ways   are   run - nin'   the   night _   Im - pos - si - ble   comes _   true,   in - tox - i - cat-

in' you   Oh! This is the great - est show! _____ We light it up, we won't _ come

down   And the sun ___ can't stop ___ us ___ now _____ Watch -in' it come ___ true It's tak - in' o -

Bridge

ver you   Oh! This is the great - est show! _____ It's ev -'ry - thing you ev - er want _

_____ It's ev -'ry - thing you ev - er need _____ And it's here, right in front of you _

_____ This is where you wan - na be _____ It's ev -'ry - thing you ev - er want _

_____ It's ev -'ry - thing you ev - er need _____ And it's here, right in front of you _

5

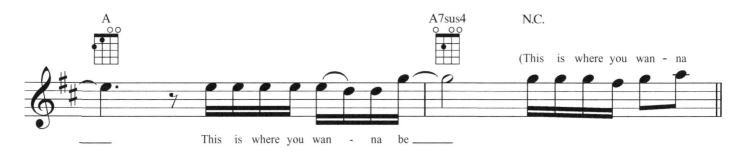

A Million Dreams

Words and Music by Benj Pasek and Justin Paul

⊕ Coda 1

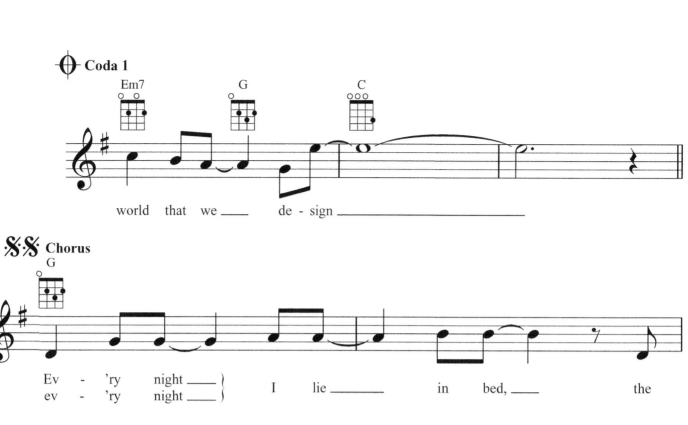

world that we ___ de - sign _____

𝄋𝄋 Chorus

Ev - 'ry night ___ ⎱ I lie _____ in bed, ___ the
ev - 'ry night ___ ⎰

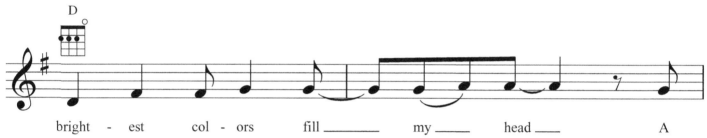

bright - est col - ors fill _____ my ___ head ___ A

mil - lion dreams _____ are keep - in' me ____ a - wake ___

_____ I think of what __ the world __

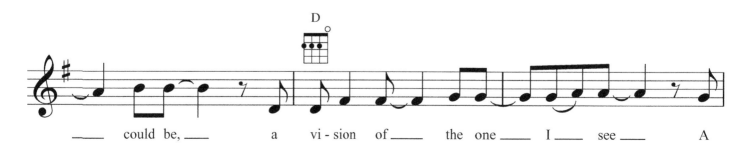

___ could be, ___ a vi - sion of ___ the one ___ I ___ see ___ A

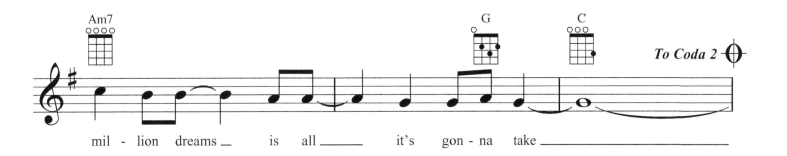

To Coda 2 ⊕

mil - lion dreams __ is all __ it's gon - na take __

__ Oh, a mil - lion dreams __ for the world we're gon - na make

Bridge

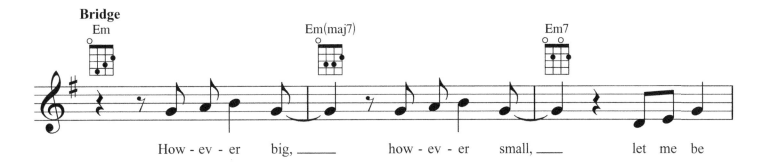

How - ev - er big, __ how - ev - er small, __ let me be

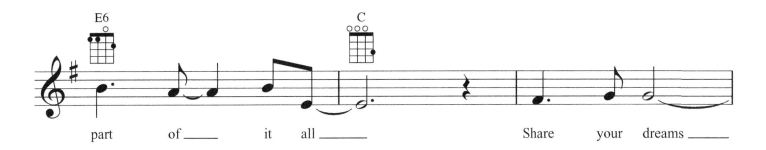

part of __ it all __ Share your dreams __

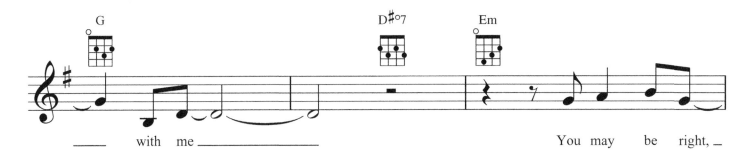

__ with me __ You may be right, __

__ you may be wrong, __ but say that you'll bring me __ a - long __

Come Alive

Words and Music by Benj Pasek and Justin Paul

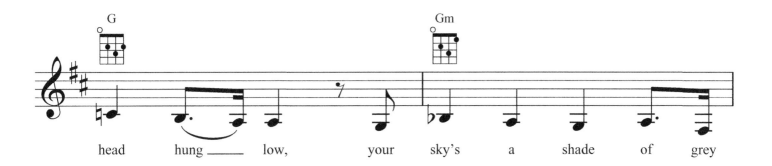

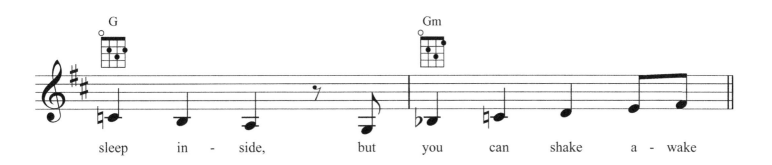

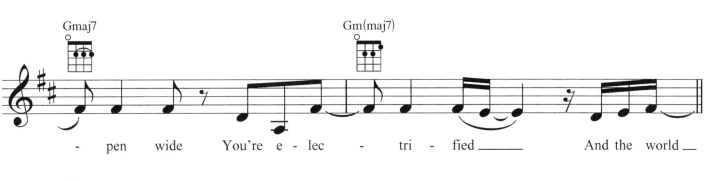

- pen wide   You're e - lec - tri - fied _____   And the world _____

Chorus

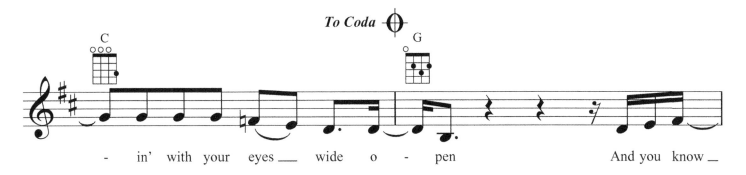

_____ be - comes a   fan - ta - sy,   and you're more _ than you could ev - er be, 'cause you're dream -

To Coda ⊕

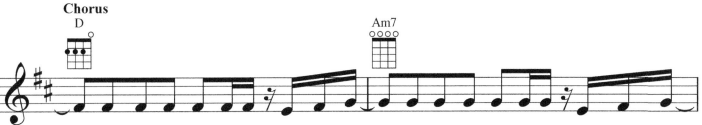

- in' with your eyes ___ wide o - pen   And you know _

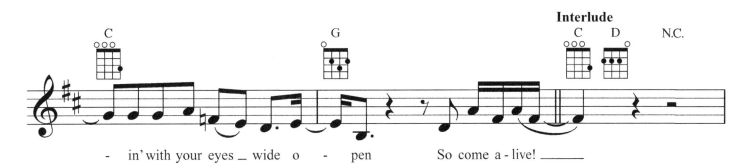

_____ you can't go back a - gain   to the world _ that you were liv - in' in, 'cause you're dream -

Interlude

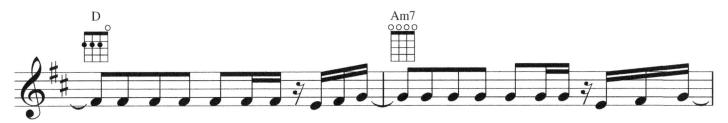

- in' with your eyes _ wide o - pen   So come a - live! _____

Verse

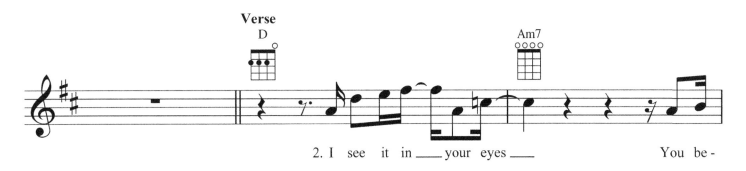

2. I see it in ___ your eyes ___   You be -

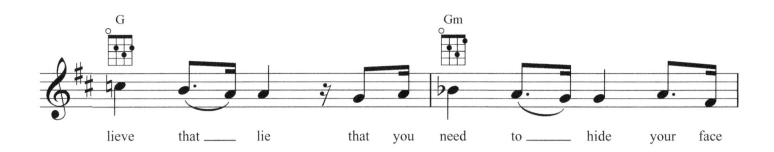

lieve that ___ lie that you need to ___ hide your face

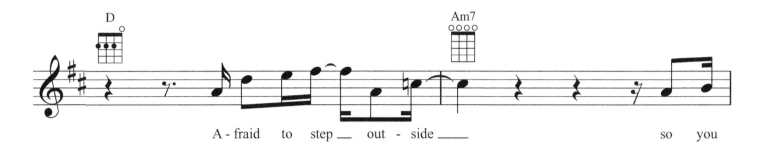

A - fraid to step ___ out - side ___ so you

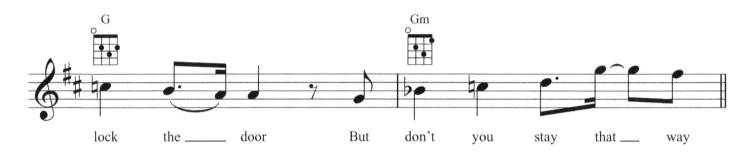

lock the ___ door But don't you stay that ___ way

Pre-Chorus 1

No more liv- in' in ___ those shad - ows ___ You and me, we know ___ how that ___ goes ___

'Cause once you see it, oh, ___ you'll nev- er, nev- er be the ___ same ___

A lit - tle bit of light - nin' strik - in', ___ bot- tled up to keep ___ on shin - in'

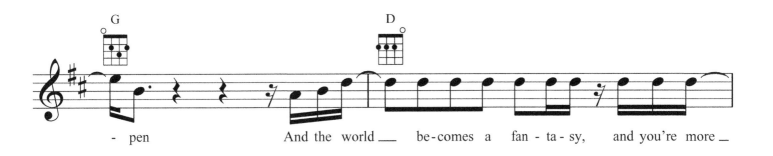

- pen   And the world ___ be-comes a fan - ta - sy, and you're more ___

___ than you could ev - er be, 'cause you're dream - in' with your eyes ___ wide o -

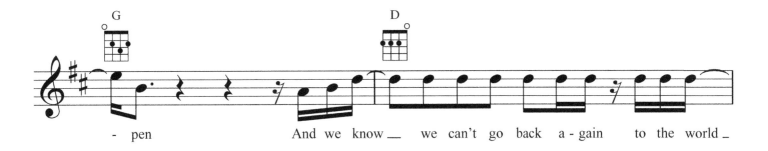

- pen   And we know ___ we can't go back a - gain to the world ___

___ that we were liv - in' in, 'cause we're dream - in' with our eyes ___ wide o -

- pen   'Cause we're dream - in' with our eyes ___ wide o -

- pen   So come a - live! _____

The Other Side

Words and Music by Benj Pasek and Justin Paul

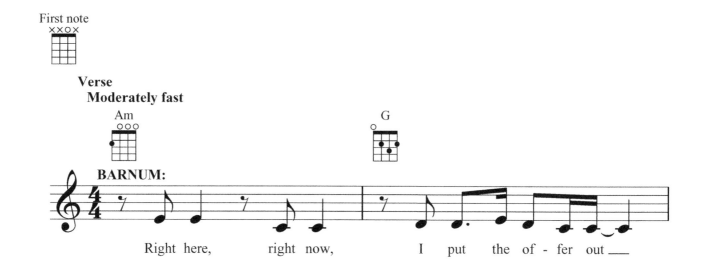

BARNUM:

Right here, right now, I put the of - fer out __

I don't wan - na chase you down, __ I know you see it You run with me

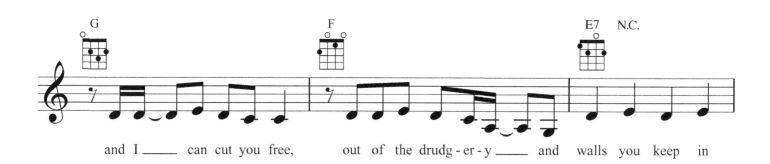

and I __ can cut you free, out of the drudg - er - y __ and walls you keep in

Pre-Chorus

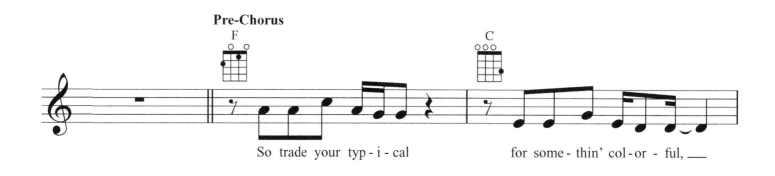

So trade your typ - i - cal for some - thin' col - or - ful, __

and if it's cra - zy, live a lit - tle cra - zy You can play it sen - si - ble, ___

a king of con - ven - tion - al, ___ or you can risk it all ___ and see

Chorus

BARNUM: Don't you _____ wan - na get a - way from the
PHILLIP: Don't you _____ know that I'm o - kay with this

same old _____ part you got - ta play? 'Cause I got what you need, so come ___
up - town _____ part I get to play? 'Cause I got what I need, and I ___

___ with me and take the ride ___ It - 'll take you to the ___ oth - er side
___ don't wan - na take the ride ___ I don't need to see the ___ oth - er side

'Cause you can do like you do, or you can do like me Stay in the cage, or you
So go and do like you do I'm good to do like me Ain't in a cage, so I

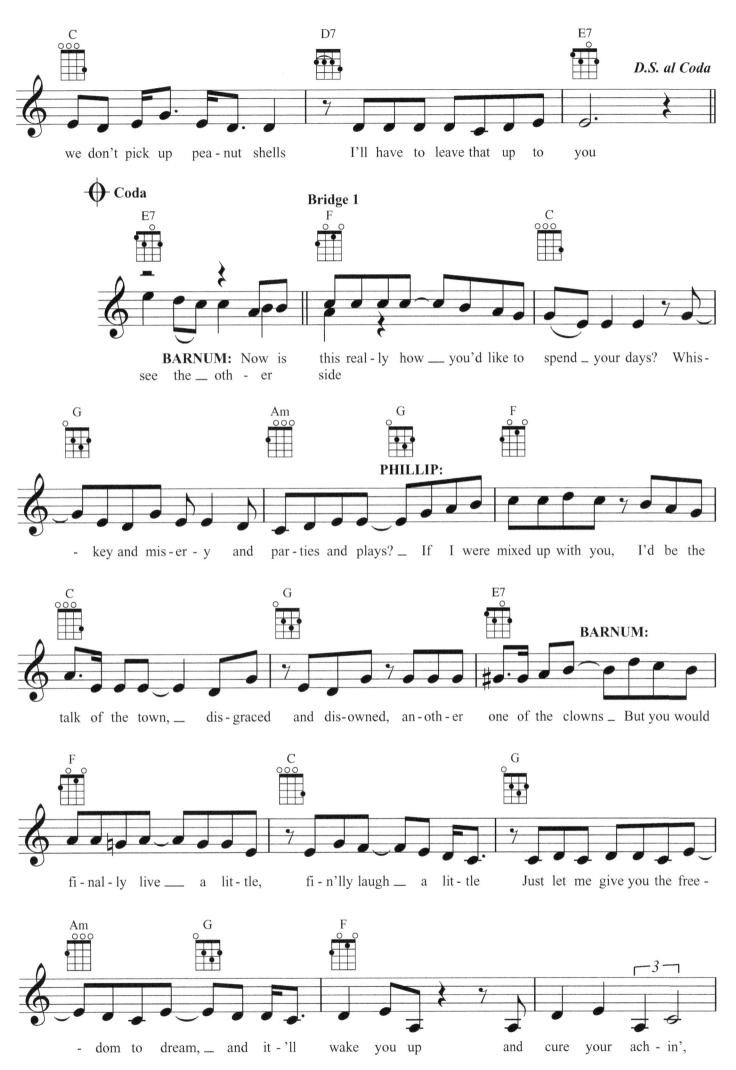

we don't pick up pea‑nut shells   I'll have to leave that up to you

Coda

Bridge 1

BARNUM: Now is   this real‑ly how __ you'd like to   spend __ your days? Whis‑
see   the __ oth ‑ er   side

‑ key and mis‑er ‑ y   and par‑ties and plays? __ If   I were mixed up with you,   I'd be the

PHILLIP:

talk of the town, __ dis ‑ graced   and dis‑owned, an‑oth‑er   one of the clowns __ But you would

BARNUM:

fi ‑ nal ‑ ly live __ a lit‑tle,   fi ‑ n'lly laugh __ a lit‑tle   Just let me give you the free‑

‑ dom to dream, __ and it ‑ 'll   wake you up   and cure your ach ‑ in',

25

take your walls and start 'em break - in' Now that's a deal that

Slowly, freely

seems worth tak - in' but I guess I'll leave that up to you

Bridge 2
Tempo I

PHILLIP: Well, it's in - trigu - ing, but to go _____ would cost me great - ly

So what per - cent - age of _____ the show _____ would I be tak - ing?

BARNUM: Well, fair e - nough; _ you'd want a piece _____ of all _____ the ac - tion

I'd give you sev - en We could shake and make it hap - pen

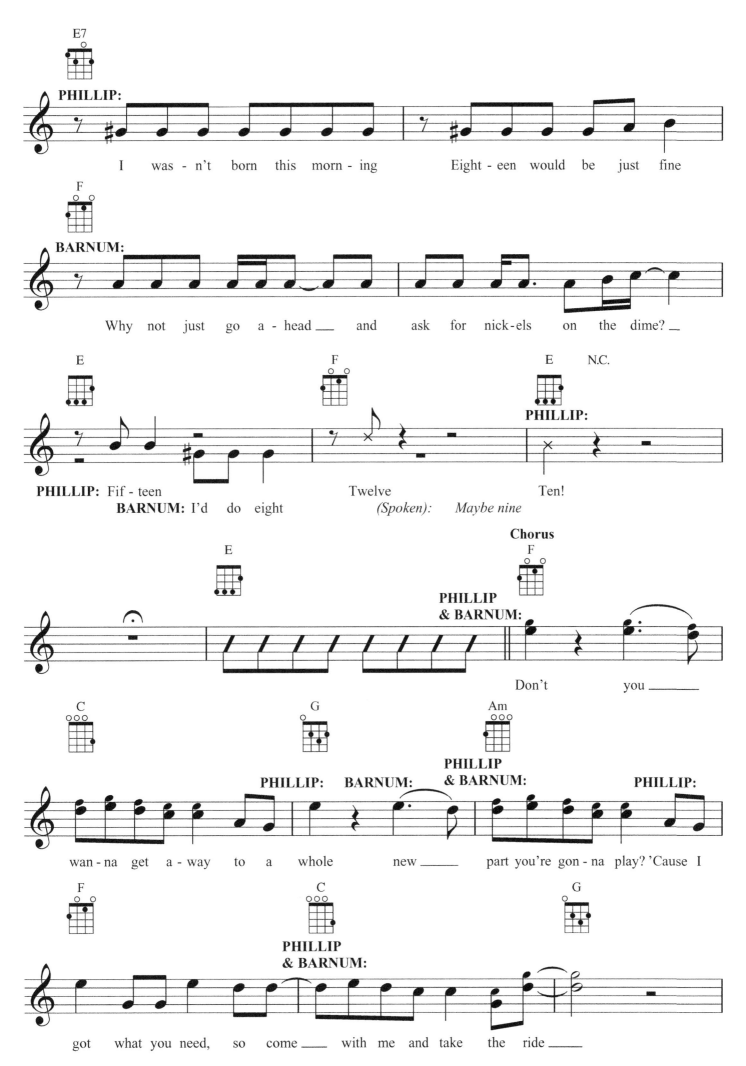

Never Enough

Words and Music by Benj Pasek and Justin Paul

This Is Me

Words and Music by Benj Pasek and Justin Paul

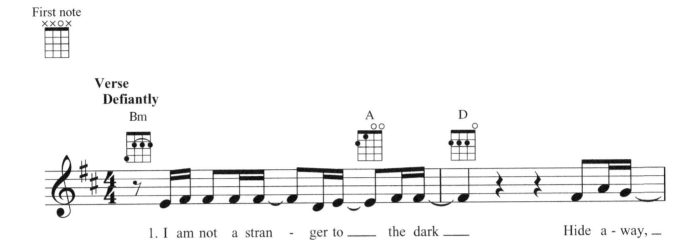

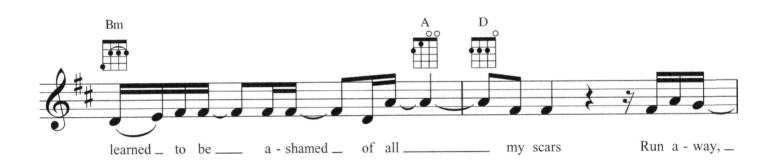

Rewrite the Stars

Words and Music by Benj Pasek and Justin Paul

First note

Verse
Moderately fast

N.C.(B♭)

PHILLIP:

1. You know I want you   It's not a se - cret I try __

B♭

__ to hide __   I know you want me,

B♭sus4

so don't keep say - in' our hands __ are tied __

F   Gm7

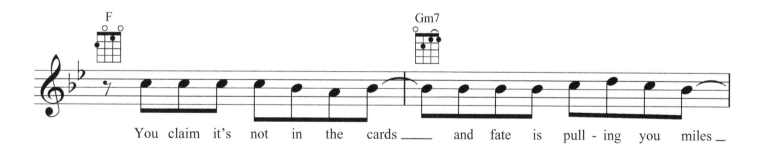

You claim it's not in the cards __ and fate is pull - ing you miles __

E♭

__ a - way __ and out __ of reach __ from me

_____ what we _____ get to be _____ So why don't we re - write _____ the stars? _____
_____ us what _____ we can be _____ How can we re - write _____ the stars, _____

_____ May-be the world _____ could _____ be _____ ours _____ to - night
_____ say that the world _____ can _____ be _____ ours _____

Verse

ANNE:

2. You think it's eas - y? You think I don't want to run _____

_____ to you? _____ But there are moun - tains, _____

and there are doors that we can't _____ walk through _____

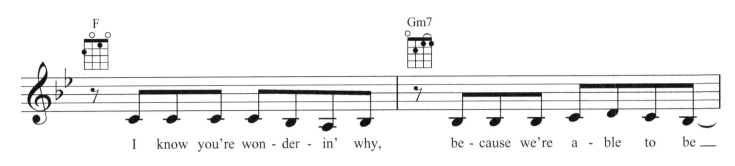

I know you're won - der - in' why, be - cause we're a - ble to be ___

___ just you ___ and me ___ with - in ___ these _ walls But when we go out - side ___

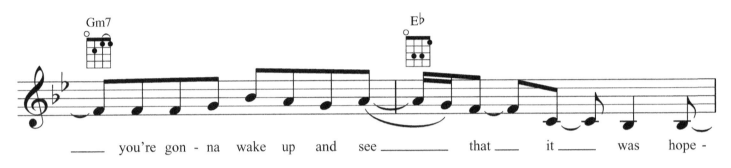

___ you're gon - na wake up and see _____ that ___ it ___ was hope -

D.S. al Coda

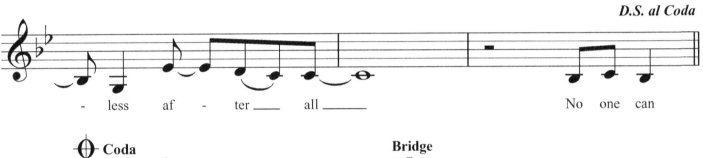

- less af - ter ___ all ___ No one can

Coda

Bridge

PHILLIP/ANNE:

to - night? All I want is to fly ___

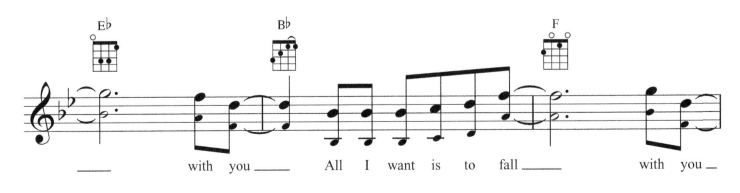

___ with you ___ All I want is to fall ___ with you ___

what we _ get to be _ Why don't we re - write _ the stars, _

_ chang - in' the world _ to _ be _ ours? _

Interlude

Outro-Verse

ANNE:

You know I want you

It's not a se - cret I try _

_ to hide _

But I can't have you

We're bound to break and my hands _ are tied _

Tightrope

Words and Music by Benj Pasek and Justin Paul

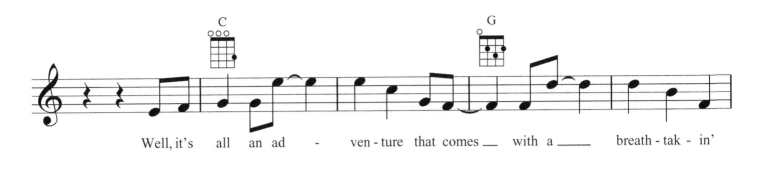

Well, it's all an ad - ven - ture that comes __ with a ___ breath - tak - in'

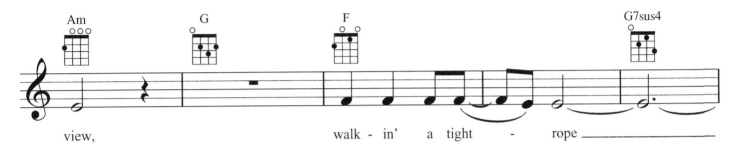

view, walk - in' a tight - rope ___

Outro

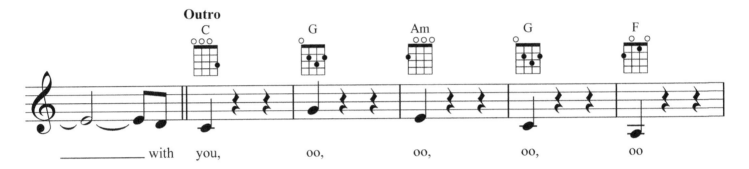

___ with you, oo, oo, oo, oo

With you, oo, oo,

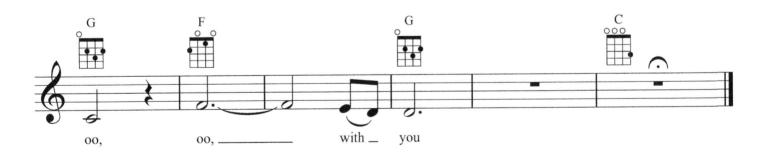

oo, oo, ___ with __ you

Additional Lyrics

2. Mountains and valleys, and all that will come in between desert and ocean,
   You pull me in, and together we're lost in a dream, always in motion

Pre-Chorus: So I risk it all just to be with you
   And I risk it all for this life we choose

From Now On

Words and Music by Benj Pasek and Justin Paul

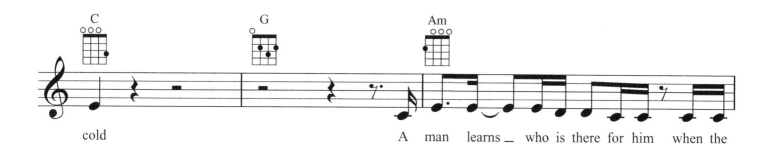

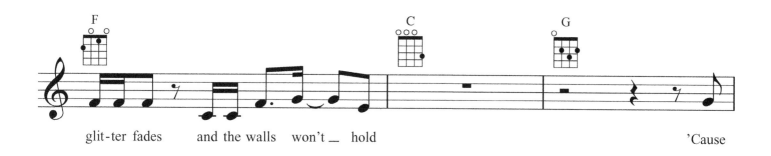

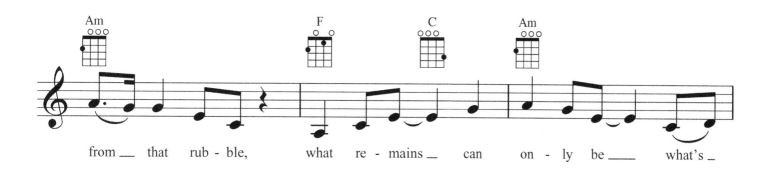

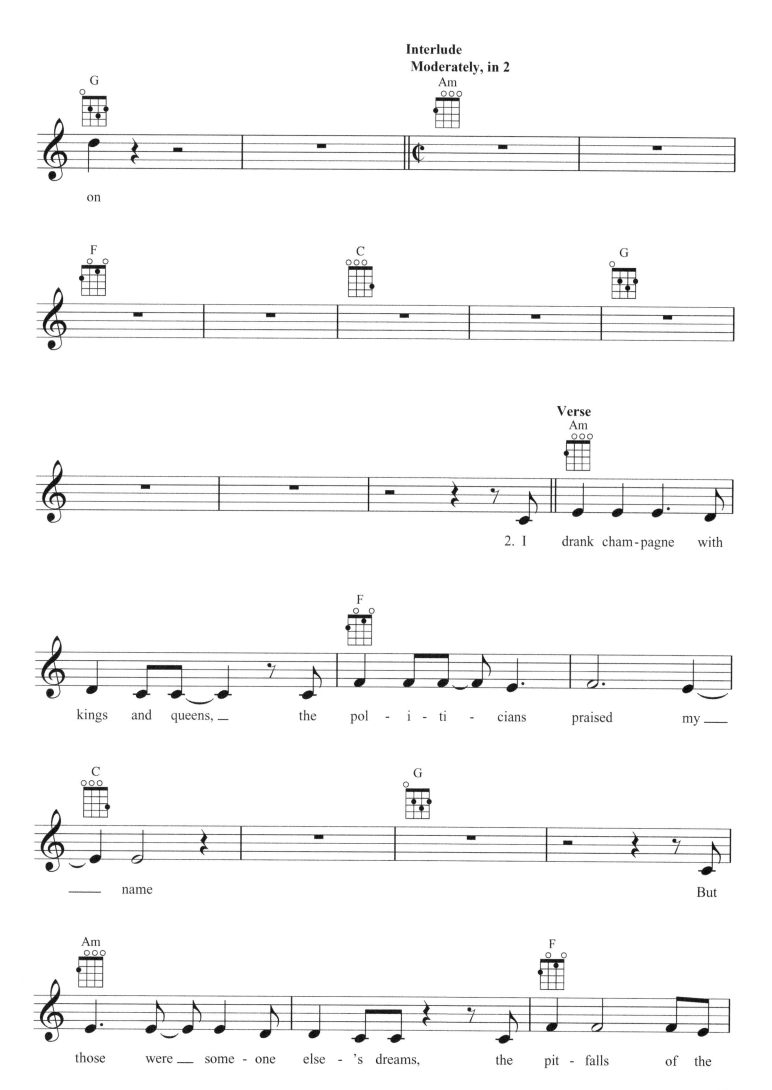

man   I ____   be - came _____

For   years ___ and ____ years   I   chased   their ___   cheers, ___

____   a   cra - zy speed of al - ways need - ing ____ more

But   when   I   stop   and ____ see   you   here

I   re - mem - ber ___   who   all   this ___   was ___

____   for _____   And   from   now ___

Chorus

on ... these eyes will not be blind - ed by _____

___ the lights ... From now _____

on ... what's wait - ed 'til to - mor - row starts _____

___ to - night ... It starts to - night ... And

let this prom - ise in me start

like an an - them in my heart

from   now _____ on, _____

from   now _____ on, _____

Bridge

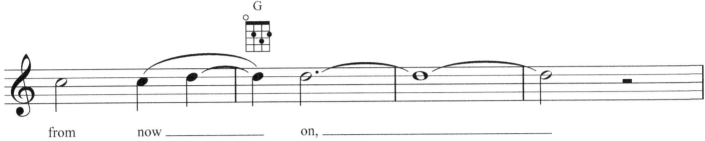

from   now   on _____
(And   we   will ___   come   back ___   home,

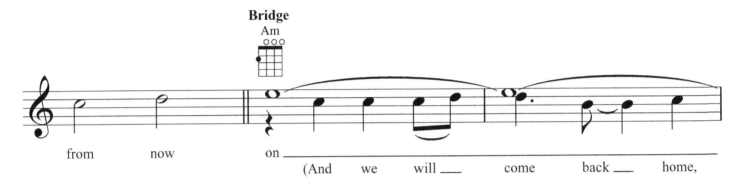

and   we   will   come   back _____   home, _____

home _____   a - gain) _____

And   we   will ___   come   back ___   home,   and   we   will

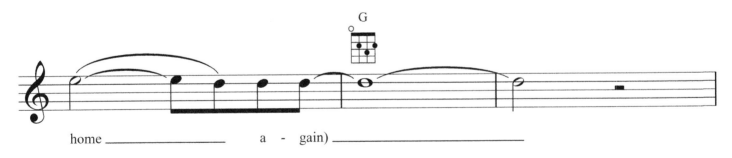

come back _____ home, _____   home _____ a - gain _

_____ _____   And we will _ come back _ home,

and we will come back _____ home, _____   home _____ a - gain _

_____ _____   (From _ now   on) And   we   will _

come back _ home,   and   we   will   come   back _____ home, _

_____   home _____ a - gain _____

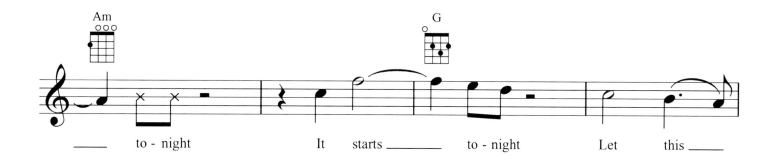

_____ to - night   It starts _____ to - night   Let this _____

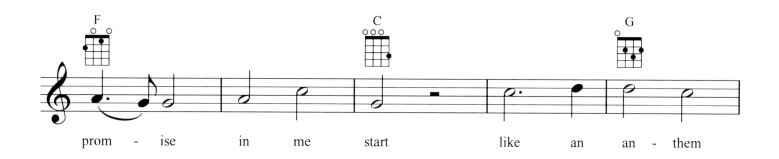

prom - ise   in me   start   like an an - them

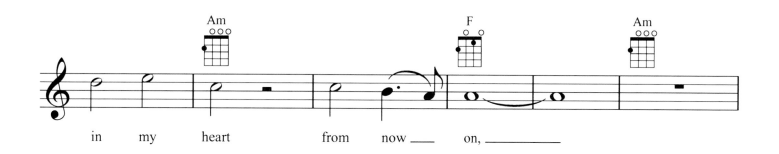

in   my   heart   from   now ___ on, _____

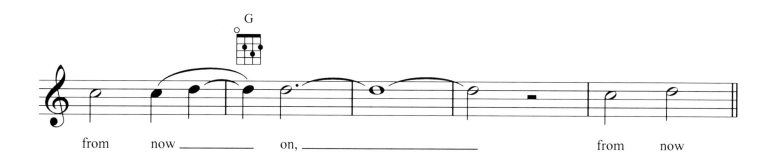

from   now _____ on, _____   from   now

Bridge

From   now   on,   from   now

on _____
And   we   will _ come   back _ home,   and   we   will   come   back ___ home, _

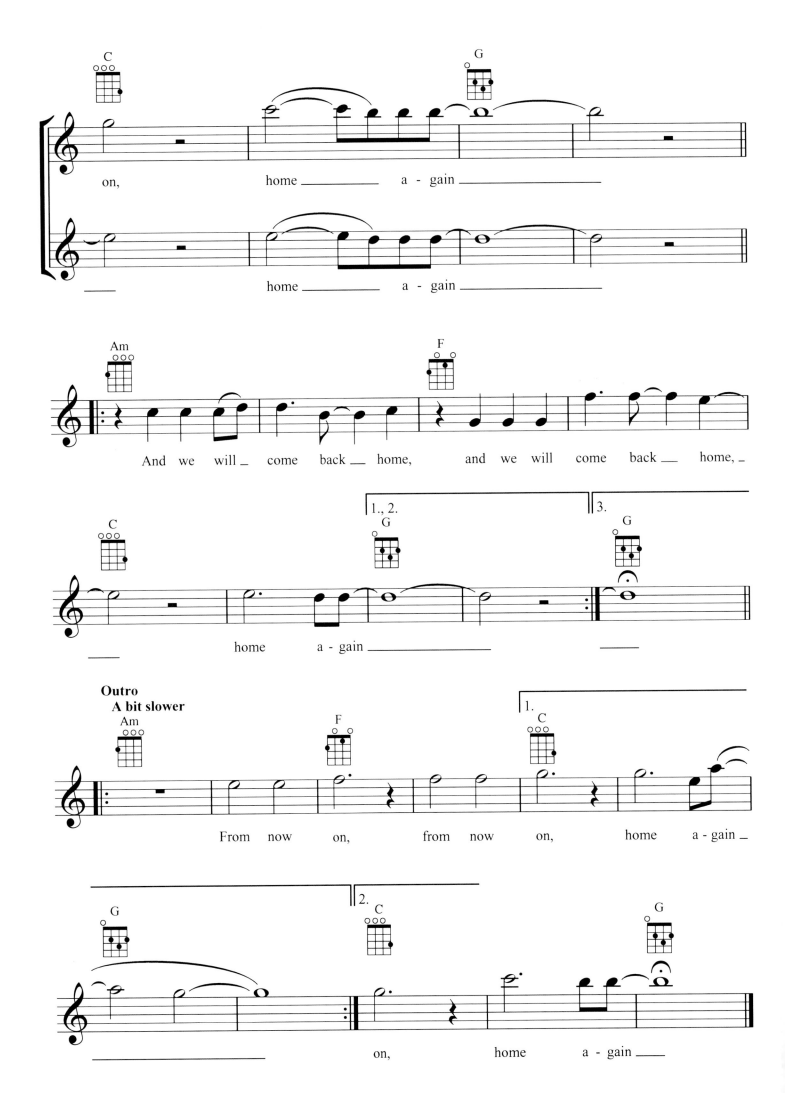